新新世纪 ◎ 编

# 叙 在古文观止里的

# 那些事儿

③

## 秦·文

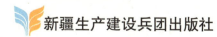新疆生产建设兵团出版社

# 《古文观止》中的
## 那些 经典语句

**司马错** 欲富国者，务广其地；欲强兵者，务富其民；欲王者，务博其德。

◎《战国策·司马错论伐蜀》

**范 雎** 若夫穷辱之事，死亡之患，臣弗敢畏也。

◎《战国策·范雎说秦王》

**邹 忌** 吾妻之美我者，私我也；妾之美我者，畏我也；客之美我者，欲有求于我也。

◎《战国策·邹忌讽齐王纳谏》

**颜 斶** 夫玉生于山，制则破焉，非弗宝贵矣，然太璞不完。

◎《战国策·颜斶说齐王》

**冯 谖** 狡兔有三窟，仅得免其死耳。

◎《战国策·冯谖客孟尝君》

**触 龙** 此其近者祸及身，远者及其子孙。

◎《战国策·触龙说赵太后》

**唐 雎** 此庸夫之怒也，非士之怒也。

◎《战国策·唐雎不辱使命》

**李 斯** 是以泰山不让土壤，故能成其大；河海不择细流，故能就其深；王者不却众庶，故能明其德。

◎《谏逐客书》

**詹 尹** 夫尺有所短，寸有所长，物有所不足，智有所不明，数有所不逮，神有所不通。

◎《楚辞·卜居》

# 目 录

# 秦 文

宝塔亭亭气宵天

# 战国策

　　《战国策》，又称《国策》，由西汉末年经学家刘向编订而成，共计三十三篇。它记录了上至春秋，下至秦并六国二百四十余年间各国的历史，也是战国时期游说之士、纵横家的策谋和传说的汇编。

# 司马错论伐蜀

秦将司马错与大夫张仪在秦惠王面前争论。司马错主张攻打蜀国，张仪主张攻打韩国。秦惠王说："请让我听听你们的见解吧。"

张仪说："应先亲近魏国，友善楚国，然后出兵三川，堵住轘<sup>huán</sup>辕、缑<sup>gōu</sup>氏的出口，挡住屯留的山道，再让魏国出兵切断南阳的通路，让楚国逼近南郑，秦国军队则攻打新城和宜阳，兵临东西二周的都城近郊，声讨二周君主的罪行，然后再侵袭楚国和魏国的领土。周自知局势难以挽救，必然会交出九鼎宝器。秦国据有了九鼎，掌握了地图和户籍，挟天子以号令天下，天下就没有敢不听命的，这才是成就王业。而现今的蜀国，只是一个西部的偏僻小国，是戎<sup>róng</sup>、狄<sup>dí</sup>的首领。去打它，劳动军队民

7

众而不足以成就威名，即使得到了那里的土地，也算不上是什么利益，我听说：'争名者聚于朝堂之上，争利者聚于集市之中。'现在三川和周王室就是当今天下的集市和朝堂，大王不去那里争夺，反而要到戎狄之地去争夺，这离成就王业未免太远了吧。"

司马错说："不是这样。我听说，要使国家富强，就必须扩大疆土；要使军力强盛，就必须使百姓富裕；要成就帝王之业，就必须广布恩德。如果这三个条件齐备了，那么帝王大业就会随之而实现。如今君王疆土狭小而人民贫穷，所以我愿从易处着手。蜀国确实只是个西部的偏僻小国，是戎、狄的首领，并且有像夏桀、殷纣一样的祸乱，以秦国的实力去攻打它，就像用豺狼去追逐羊群一样。取得了蜀国的土地，就足以扩大秦国的疆土；获得了蜀国的财富，就足以使人民富裕，使军备得到整治。不用有很多的人伤亡就可以使它降服了。所以秦国攻取了一个国家，天下却并不认为这是残暴；秦国虽然尽得了蜀国的财富，诸侯却并不认为这是贪婪。这样做，我国是一次行动而名利双收，而且还能赢得制止暴乱的美名。假使现在去攻打韩国、挟持天子，这挟持天子是恶名啊，而且也不一定就能从中得到利益，反倒落个不义的名声。而且去攻打天下人都不愿意进攻的地方，是很危险的。我请求向您讲明其中的缘故：周王室，现在还是天下的宗室；韩国，是周王室的友邦。周王室要是知道自己要失去九鼎，韩国要是知道自己要失去三川，那么周、韩两国必然勠力同心，共同谋划，借助齐、赵的力量，向楚、魏寻求解决办法，他们要是把九鼎送给楚国，把土地送给魏国，您也没有办法阻止他们。这就是我所说的危险。这样的话，还不如攻打蜀国那样万无一失。"秦惠王说："说得不错，我听您的。"

秦国最终发兵攻打蜀国，这年十月攻下了蜀国，接着又使蜀国安定了下来，蜀国的君主改称号为侯，秦国还派陈庄去做了蜀相。蜀国归附了秦国之后，秦国变得更加强大富裕，也就更不把各国诸侯放在眼里了。

## 原文欣赏

　　司马错与张仪争论于秦惠王前。司马错欲伐蜀，张仪曰："不如伐韩。"王曰："请闻其说。"

　　对曰："亲魏善楚，下兵三川①，塞镮辕②、缑氏之口，当屯留③之道；魏绝南阳，楚临南郑④，秦攻新城、宜阳⑤，以临二周⑥之郊，诛周主之罪，侵楚、魏之地。周自知不救，九鼎⑦宝器必出。据九鼎，按图籍，挟天子以令天下，天下莫敢不听，此王业也。今夫蜀，西僻之国，而戎狄之长也。敝兵劳众不足以成名；得其地不足以为利。臣闻：'争名者于朝，争利者于市。'今三川、周室，天下之市朝也，而王不争焉，顾争于戎狄，去王业远矣。"

　　司马错曰："不然。臣闻之，欲富国者，务广其地；欲强兵者，务富其民；欲王者，务博其德。三资者备，而王随之矣。今王之地小民贫，故臣愿从事于易。夫蜀，西僻之国也，而戎狄之长也，而有桀、纣之乱。以秦攻之，譬如使豺狼逐群羊也。取其地，足以广国也；得其财，足以富民。缮兵不伤众，而彼已服矣。故拔一国，而天下不以为暴；利尽西海，诸侯不以为贪。是我一举而名实两附，而又有禁暴止乱之名。今攻韩劫天子，劫天子，恶名也，而未必利也，又有

不义之名。而攻天下之所不欲，危！臣请谒其故：周，天下之宗室也；韩，周之与国[8]也。周自知失九鼎，韩自知亡三川，则必将二国并力合谋，以因乎齐、赵，而求解乎楚、魏。以鼎与楚，以地与魏，王不能禁。此臣所谓"危"，不如伐蜀之完也。"惠王曰："善，寡人听子。"

卒起兵伐蜀，十月取之，遂定蜀。蜀主更号为侯，而使陈庄[9]相蜀。蜀既属，秦益强富厚，轻诸侯。


### 注释

① 三川：在今河南洛阳一带。② 辕辕：山名，在今河南偃师东南。缑氏：山名，在今河南偃师东南。③ 屯留：今山西长治屯留。④ 南郑：在今河南新郑。⑤ 新城：在今河南伊川西南。宜阳：今河南宜阳。⑥ 二周：西周、东周。⑦ 九鼎：古代传说夏禹铸了九个鼎，是夏、商、周三代的传国宝物，象征国家政权。⑧ 与国：盟国，友邦。⑨ 陈庄：秦国官员，曾受命出任蜀相。

①指出秦国土地狭小、百姓贫穷，应先增强国力

三步论证伐蜀

②陈述蜀国有祸乱，攻打蜀国可获得制止暴乱的美名

③强调攻打韩国、挟持天子会给自身带来巨大危险

# 范雎说秦王

　　魏国人范雎（jū）来到秦国，秦昭襄王在宫廷前迎接他，以宾主的礼节恭恭敬敬地接待了他，范雎表示推辞谦让。就在当天，秦昭襄王便接见了范雎，凡是见到接见场面的人没有不为之惊讶变色的。秦昭襄王让左右的人离开，宫中变得静悄悄的，只剩下他们两个，秦昭襄王于是跪了下来，膝行上前说："先生打算用什么指教我啊？"范雎却只是应了一声："嗯。"过了一会儿，秦昭襄王再次向他请教，范雎仍然只是应了一声："嗯。"一连三次都是如此，秦昭襄王挺直上身跪着说："难道先生不愿意指教我吗？"

　　范雎向秦王谢罪说："不敢这样呀。我听说当初吕尚遇到周文王的时候，不过是一个在渭（wèi）水北岸垂钓的渔翁。当时他和文王之间的关系是非常疏远的；可是一会儿的工夫，他就因为向文王言明了自己的主张，受到文王的赏识而被立为太师，与文王同车而归。这是由于他所说的道理很深刻的缘故。所以周文王也就真的靠着吕尚的辅佐而成就了功业，终于执掌了天下，成为一代帝王。如果当初周文王疏远吕尚而不与他深谈，就说明周室还不具备天子应有的德行，而文王、武王也就失去了帮助他们成就王业的人。而今我不过是一个在秦国客居的人，和大王的交情又是很浅的，我想要陈述的都是匡正君臣关系的大事，而这些事又常常会触及亲戚骨肉之间的关系。我是很愿意说出自己那点浅陋的忠言，但不知道大王的心意如何，大王三次问我而我都没有回答的原因，就是这个。

"我不是因为有所畏惧而不敢讲话。我知道今天当着您的面把话讲出来，明天就可能会被诛杀，但是我也不敢因此而心存畏惧。只要大王肯听信并且能够实行我的主张，那么死不足以成为我的顾虑，亡不足以成为我的担忧；即使用漆涂身，变成癞（lài）子，披头散发，成为狂人，也不足以成为我的耻辱。五帝那样圣明也终有一死，三王那样仁德也终有一死，五霸那样贤良也终有一死，乌获那样力大无穷也终有一死，孟奔、夏育那样勇敢也终有一死。死，是人不可避免的事情；既是必然的趋势，如果我的死能够对秦国稍有裨（bì）益，这便是我最大的心愿，我还有什么可忧虑的呢？

"伍子胥（xū）曾藏身牛皮袋子之中，乘车逃出昭关，黑夜赶路，白天躲藏，到达菱（líng）水的时候，已经没有糊口的东西了，只好跪着走，在地上爬，到吴国的市镇上讨饭，却最终振兴了吴国，使阖闾成为一方霸主。假如我能像伍子胥那样进献计谋，即使把我囚禁起来不再与大王相见，只要我的主张得以实行，我又有什么值得担忧的呢？箕（jī）子、接舆（yú）用漆涂身，遍体生癞，披头散发，变成狂人，但他们对于殷朝和楚国并没有什么益处。假使要我像箕子、接舆一样就能对贤明的君主有所裨益，这将是我最大的荣耀，我又有什么可觉得耻辱的呢？

"我所担心的，只是怕我死以后，天下人看到我是因为尽忠而死，便从此不再敢向您开口讲话，大家都裹足不前，不再敢到秦国来了。大王对上畏惧太后的威严，对下为奸臣的媚态所迷惑，住在深宫之中，不能离开保傅的照料，终生昏昧不明，没有人帮助您洞察奸邪。这样下去，大则使国家灭亡，小则使自身孤危，这才是我所担心的。至于穷困受辱的事情、死亡的祸患，我是不敢有所畏惧的。我死了而秦国得到治理，这比我活在世上还要好。"

秦王于是跪着说："先生说的这是什么话！秦国处在偏远荒僻的地方，我又是愚昧无能，幸蒙先生光临此地，这是上天让我来烦扰先生，使我先王的宗庙得以继续留存。我能得到先生的教导，这也是上天眷顾先王，而且不抛弃孤危的我的表现。先生怎么能说这样的话呢？以后，国家的事情，不论大小，上至太后，下至群臣，希望先生悉数对我进行指教，对我不要再有怀疑。"范雎向秦王拜了两拜，秦王向范雎回拜了两拜。

## 原文欣赏

范雎[①]至，秦王庭迎范雎，敬执宾主之礼，范雎辞让。是日见范雎，见者无不变色易容者。秦王屏左右，宫中虚无人。秦王跪而进曰："先生何以幸教寡人？"范雎曰："唯唯。"有间，秦王复请，范雎曰："唯唯。"若是者三。秦王跽曰："先生不幸教寡人乎？"

范雎谢曰："非敢然也。臣闻昔者吕尚之遇文王也，身为渔父而钓于渭阳之滨耳。若是者，交疏也。已一说而立为太师，载与俱归者，其言深也。故文王果收功于吕尚，卒擅天下而身立为帝王。即使文王疏吕望而弗与深言，是周无天子之德，而文、武无与成其王也。今臣，羁旅之臣也，交疏于王，而所愿陈者，皆匡君臣之事，处人骨肉之间。愿以陈臣之陋忠，而未知王心也，所以王三问而不对者是也。

"臣非有所畏而不敢言也，知今日言之于前，而明日伏诛于后，然臣弗敢畏也。大王信行臣之言，死不足以为臣患，亡不足以为臣忧，漆身而为厉，被发而为狂，不足以为臣耻。五帝之圣而死，三王之仁而死，五霸之贤而死，乌获[②]之力而死，奔、育[③]之勇而死。死者，人之所必不免。处必然之势，可以少有补于秦，此臣之所大愿也，臣何患乎？

"伍子胥橐[④]（tuó）载而出昭关，夜行而昼伏，至于菠水，无以糊其口，膝行蒲伏，乞食于吴市，卒兴吴国，阖闾为霸。使臣得进谋如伍子胥，加之以幽囚不复见，是臣说之行也，臣何忧乎？箕子、接舆⑤，漆身而为厉，被发而为狂，无益于殷、楚。使臣得同行于箕子、接舆，漆身可以补所贤之主，是臣之大荣也，臣又何耻乎？

"臣之所恐者，独恐臣死之后，天下见臣尽忠而身蹶⑥也，是以杜口裹足，莫肯即秦耳。足下上畏太后之严，下惑奸臣之态；居深宫之中，不离保傅之手，终身暗惑，无与照奸，大者宗庙灭覆，小者身以孤危，此臣之所恐耳！若夫穷辱之事，死亡之患，臣弗敢畏也。臣死而秦治，贤于生也。"

秦王跪曰："先生是何言也！夫秦国僻远，寡人愚不肖，先生乃幸至此，此天以寡人恩⑦先生，而存先王之庙也。寡人得受命于先生，此天所以幸先王而不弃其孤也。先生奈何而言若此！事无大小，上及太后，下至大臣，愿先生悉以教寡人，无疑寡人也。"范雎再拜，秦王亦再拜。

### 注释

① 范雎：魏国人，因出使齐国时被诬为私自受赏而获罪，后逃往秦国，受到秦昭襄王的赏识，成为秦国相国。② 乌获：秦武王的力士。③ 奔、育：即孟奔和夏育，都是卫国的勇士。④ 橐：口袋。⑤ 箕子：商纣王的叔父，曾因劝谏纣王而被囚禁，他便披发佯狂。接舆：春秋时楚国的隐者，曾披发佯狂以避世。⑥ 蹶：跌倒。⑦ 恩：打扰，惊动。

## 写作技巧

范雎的游说技巧

① 范雎面对秦王的虚心请教，欲言又止

② 范雎举出周文王与吕尚的例子，反复试探

③ 范雎表示愿尽忠而不顾生死，申述忠诚

④ 范雎指出太后专权，强调危险

⑤ 秦王恳请范雎教导，二人对拜

# 邹忌讽齐王纳谏

邹忌身高八尺有余，体形容貌潇洒漂亮。有一天早上，他穿戴好衣帽，照着镜子，对他的妻子说："我跟城北的徐公相比谁漂亮？"他的妻子说："您漂亮极了，徐公怎能和您相比呀！"城北的徐公，是齐国的美男子。邹忌不相信自己比他漂亮，就又问他的妾说："我和徐公谁更漂亮？"他的妾说："徐公哪里比得上您呢！"第二天，有位客人从外面来，邹忌跟他坐着交谈，问他说："我和徐公谁更漂亮？"客人说："徐公不如您漂亮啊。"又过了一天，徐公来了，邹忌端详了许久，自认为不如他漂亮。徐公走后，邹忌再次照着镜子看自己，更觉得自己差得很远。邹忌晚上躺在床上反复思考这件事，说："妻子赞美我，是因为偏爱我；妾赞美我，是因为害怕我；客人赞美我，是因为有求于我。"

于是上朝去见齐威王，说："我的确知道自己不如徐公漂亮。可是，我的妻子偏爱我，我的妾怕我，我的客人有求于我，都说我比徐公漂亮。如今齐国领土方圆千里，城池一百二十座，后妃们和左右近臣没有不偏爱大王的，朝廷上的臣子没有不害

怕大王的，全国没有谁不有求于大王的，由此看来，您受的蒙蔽一定是非常厉害的！"

威王说："说得不错！"于是下令："群臣、官吏和百姓，能够当面指责我的过错的，得头等奖赏；上书劝谏我的，得中等奖赏；能够在公共场所或朝堂上指摘我并让我听到的，得下等奖赏。"命令刚下达的时候，许多大臣都来进言劝谏，门庭若市；几个月后，还有人断断续续地进言劝谏；一年以后，即使有人想进言劝谏，也没有什么可说的了。燕国、赵国、韩国、魏国听说了这件事，都到齐国来朝拜。这就是人们说的在朝廷上征服了别的国家。

## 原文欣赏

邹忌①修②八尺有余，而形貌昳丽③。朝服衣冠，窥镜，谓其妻曰："我孰与城北徐公美？"其妻曰："君美甚，徐公何能及君也？"城北徐公，齐国之美丽者也。忌不自信，而复问其妾曰："吾孰与徐公美？"妾曰："徐公何能及君也？"旦日，客从外来，与坐谈，问之客曰："吾与徐公孰美？"客曰："徐公不若君之美也。"明日徐公来，孰视之，自以为不如；窥镜而自视，又弗如远甚。暮寝而思之，曰："吾妻之美我者，私我也；妾之美我者，畏我也；客之美我者，欲有求于我也。"

于是入朝见威王，曰："臣诚知不如徐公美。臣之妻私臣，臣之妾畏臣，臣之客欲有求于臣，皆以美于徐公。今齐地方千里，百二十城，宫妇左右莫不私王，朝廷之臣莫不畏王，四境之内莫不有求于王：由此观之，王之蔽甚矣。"

王曰："善。"乃下令："群臣吏民能面刺寡人之过者，受上赏；上书谏寡人者，受中赏；能谤讥于市朝，闻寡人之耳者，受下赏。"令初下，群臣进谏，门庭若市；数月之后，时时而间④进；期年之后，虽欲言，无可进者。燕、赵、韩、魏闻之，皆朝于齐。此所谓战胜于朝廷。

### 注释

① 邹忌：战国时齐人，曾任齐相。② 修：长。

③ 昳丽：神采焕发，容貌美丽。④ 间：断断续续。

21

# 颜斶说齐王

　　齐宣王召见颜斶<ruby>斶<rt>chù</rt></ruby>，宣王说："颜斶，到近前来！"颜斶也说："大王，到近前来！"宣王听了很不高兴。左右的人责备颜斶说："王是君主，你是臣子，君王说'颜斶，到近前来'，你也跟着说'大王，到近前来'，这像话吗？"颜斶回答说："我主动上前是贪慕权势，大王主动上前则是礼贤下士。与其使我成为贪慕权势的顺臣，不如让大王成为礼贤下士的明主。"宣王听后勃然变色说："是君王尊贵，还是士尊贵？"颜斶回答说："士尊贵，君王不尊贵。"宣王又问："有什么根据吗？"颜斶答道："有。昔日秦国攻打齐国，曾下过一道命令，说：'有胆敢去柳下季墓地五十步之内的地方砍柴采木的人，一律死罪不赦！'还有一道命令说：'有能得齐王头颅的人，封万户侯，赏黄金两万两！'由此来看，活着的君王的头颅，还不如死去的士人的坟头珍贵。"

　　宣王说："唉，对君子怎么可以侮辱呢？我这是自取其辱呀！希望先生接受我做弟子。只要先生与我交游，吃的必然是肉食，出门必定是乘车马，妻子儿女穿戴华丽。"颜斶谢绝而离去，临走之前说："玉石生在山上，加工后就破坏了它，不是说加工了就不珍贵了，而是失去了璞(pú)玉最本质的东西；士人生长在山野，经过推举选拔就能吃上俸禄，地位并不是不尊贵，而是士人的精神品质不全了。颜斶情愿回去，晚一点吃饭，可以抵得上吃肉；信步缓行，可以抵得上乘车；不犯罪就是地位尊贵，保持清净的生活和纯正的节操，以此来使自己得到快乐。"说罢，向着宣王拜了两拜，告辞而去。

君子说："像颜斶这样的人是知道满足的，归于自然，返于纯朴，终身安乐，不受羞辱。"

　　齐宣王见颜斶①，曰："斶前！"斶亦曰："王前！"宣王不说。左右曰："王，人君也；斶，人臣也，王曰'斶前'，斶亦曰'王前'，可乎？"斶对曰："夫斶前为慕势，王前为趋士。与使斶为慕势，不如使王为趋士。"王忿然作色曰："王者贵乎？士贵乎？"对曰："士贵耳，王者不贵。"王曰："有说乎？"斶曰："有。昔者秦攻齐，令曰：'有敢去柳下季②垄五十步而樵采者，死不赦。'令曰：'有能得齐王头者，封万户侯，赐金千镒。'由是观之，生王之头，曾不若死士之垄也。"

　　宣王曰："嗟乎，君子焉可侮哉？寡人自取病③耳！愿请受为弟子。且颜先生与寡人游，食必太牢④，出必乘车，妻子衣服丽都。"颜斶辞去曰："夫玉生于山，制则破焉，非弗宝贵矣，然太璞不完。士生乎鄙野，推选则禄焉，非不尊遂⑤也，然而形神不全。斶愿得归，晚食以当肉，安步以当车，无罪以当贵，清净贞正以自虞。"则再拜而辞去。

　　君子曰："斶知足矣，归真反璞，则终身不辱。"

**注释**

① 颜斶：齐国隐士。② 柳下季：即展禽，又称柳下惠，鲁国的贤士。③ 病：羞辱。④ 太牢：古代帝王、诸侯祭祀时，牛、羊、猪三牲齐备称太牢。⑤ 尊遂：尊贵显达。

# 写作技巧

颜斶游说技巧

①齐王骄横，颜斶针锋相对

②举出秦王敬重柳下季、轻视齐王的事例

③以天然美玉质变形破的譬喻，表达清高志趣

# 冯谖客孟尝君

齐国有个叫冯谖(xuān)的，因贫困而过不下去了，便托人介绍给孟尝君，希望能在孟尝君门下寄居吃饭。孟尝君问："客人有什么爱好？"回答道："没有什么爱好。"孟尝君又问："客人有什么能耐？"回答道："没有什么能耐。"孟尝君笑着同意了，说："好吧。"

孟尝君的随从们因为主人不把冯谖当回事，便给他吃些粗劣食物。住了一段时间，冯谖靠着柱子，弹着他的剑，唱道："长剑啊，咱们回去吧，吃饭没有鱼！"左右的人把这事儿告诉了孟尝君，孟尝君说："给他鱼吃，照一般的门客那样款待他。"住了一段时间，冯谖又弹起了他的剑，唱道："长剑啊，咱们回去吧，出门没有车！"左右的人都耻笑他，又把这事告诉了孟尝君。孟尝君说："给他车马，照有车的门客那样对待他。"于是，冯谖乘着车，举着他的剑，去访问他的朋友，说："孟尝君把我当客人看待。"过了一段时间，冯谖又弹起了他的剑，唱道："长剑啊，咱们回去吧，没有什么可以养家糊口啊！"左右

27

的人都厌恶他了，觉得他贪得无厌。孟尝君问道："冯先生有亲人吗？"左右的人回答说："有个老母亲。"孟尝君派人供给冯母吃用，不让她觉得缺少什么。于是冯谖就不再唱歌了。

后来，孟尝君发出一个文告，问门下的各位客人："谁擅长算账收钱，能替我到薛地去收债呢？"冯谖签上名，说："我行。"孟尝君看了，感到奇怪，问："这是谁呀？"左右的人回答道："就是唱'长剑啊，咱们回去吧'的那个人。"孟尝君笑道："客人果然有些能耐，我怠慢了他，还没和他见过面呢！"于是把冯谖请来见面，向他道歉说："我被这些琐事缠扰得疲惫不堪，因为忧虑而感到心意烦乱，再加上生性懦弱愚笨，陷在国事中无法脱身，因此得罪了先生。先生不以为是羞辱，真的有意为我到薛地去收债吗？"冯谖回答："愿意前往。"于是准备车马，收拾行装，装上债券契据准备出发。冯谖辞行的时候问孟尝君："收债完毕之后，买些什么东西回来？"孟尝君说："您看我家里缺什么就买什么吧。"

冯谖驱车到了薛地，派官吏招来应该还债的百姓，悉数核对债券。等债券全部核对完毕，冯谖假传孟尝君的命令，把债款都赏赐给了百姓，因而烧掉了债券，百姓齐声欢呼万岁。

冯谖马不停蹄地赶回齐国，大清早就去求见孟尝君。孟尝君对他这么快就回来了感到奇怪，穿戴整齐后去见他，问道："债都收完了？怎么这么快就回来了？"冯谖回答道："收完了。""买了些什么回来？"冯谖回答道："您说'看我家里缺什么就买什么'，我私下里盘算，您的府里堆满了珍宝，猎狗骏马挤满了牲口棚，美丽的女子站满了堂下；您府里所缺少的东西，只是仁义啊！我自作主张为您买回了仁义。"孟尝君问："买仁义？这是怎么一回事？"冯谖说："现在您拥有这个小小的薛地，不把那里的百姓当成自己的子女一并爱护，还在他们身上做生意牟<sup></sup>利。我自作主张假传您的命令，把债款都赏给了百姓，因而烧掉了债券，百姓们都欢呼万岁，这就是我为您买仁义的做法。"孟尝君听了很不高兴，说："哦，先生，算了吧！"

过了一年，齐王对孟尝君说："我不敢以先王用过的大臣作为自己的臣下。"孟尝君只好前往他的封邑薛地。走到离薛地还有一百多里的地方，百姓们扶老携幼，在大道上迎接孟尝君，整整有一天的时间。孟尝君回头对冯谖说："先生为我买回的仁义，今天才见到！"

冯谖说："聪明的兔子有三个洞穴，仅仅可以免去一死。现在您只有一个洞穴，还不能高枕无忧。请让我为您再去建造两个洞穴吧。"孟尝君给了他五十辆车、五百斤黄金，西去梁国游说。冯谖对梁王说："齐王把他的大臣孟尝君放逐到诸侯国去了，首先迎接到他的国家就会国富兵强。"梁王于是空出相国的位子，让以前的相国做了上将军，派遣使者带着千斤黄金、百辆车子去请孟尝君。冯谖抢先驱车回到薛，提醒孟尝君说："黄金一千斤，是很贵重的聘礼；车一百辆，说明使者的等级很高。齐王大概已经听说了吧。"梁国的使者往返了三次，孟尝君都坚决推辞，不肯前往赴任。

齐王听到这些情况，君臣上下都很恐慌，于是派太傅送来了黄金千斤、彩车两辆、佩剑一把，并且写了一封信向孟尝君道歉，信上说："我真是很不幸，遭受祖宗降下的灾祸，又为那些阿谀 ē yú 奉承的小人所迷惑，得罪了您。我是不值一提的，只希望您念在先王宗庙的分上，暂且回到齐国来治理广大百姓吧！"冯谖又提醒孟尝君说："希望您向齐王请求先王的祭器，在薛地建立宗庙。"宗庙建成了，冯谖回来向孟尝君报告说："三个洞穴都已经建造完成，您暂且可以高枕无忧，过快乐的日子了。"

孟尝君在齐国为相几十年，没遭受一点灾祸，全是因为冯谖的计谋啊！

　　齐人有冯谖者，贫乏不能自存，使人属<sup>zhǔ</sup>①孟尝君，愿寄食门下。孟尝君曰："客何好？"曰："客无好也。"曰："客何能？"曰："客无能也。"孟尝君笑而受之，曰："诺。"

　　左右以君贱之也，食以草具。居有顷，倚柱弹其剑，歌曰："长铗<sup>jiá</sup>②归来乎！食无鱼！"左右以告。孟尝君曰："食之，比门下之客。"居有顷，复弹其铗，歌曰："长铗归来乎！出无车。"左右皆笑之，以告。孟尝君曰："为之驾，比门下之车客。"于是乘其车，揭其剑，过其友曰："孟尝君客我。"后有顷，复弹其剑铗，歌曰："长铗归来乎！无以为家。"左右皆恶之，以为贪而不知足。孟尝君问："冯公有亲乎？"对曰："有老母。"孟尝君使人给其食用，无使乏。于是冯谖不复歌。

　　后孟尝君出记，问门下诸客："谁习计会，能为文收责于薛者乎？"冯谖署曰："能。"孟尝君怪之，曰："此谁也？"左右曰："乃歌夫'长铗归来'者也。"孟尝君笑曰："客果有能也，吾负之，未尝见也。"请而见之，谢曰："文倦于是，愦<sup>kuì</sup>③于忧，而性懧<sup>nuò</sup>④愚，沉于国家之事，开罪于先生。先生不羞，乃有意欲为收责⑤于薛乎？"冯谖曰："愿之。"于是约车治装，载券契而行，辞曰："责毕收，以何市而反？"孟尝君曰："视吾家所寡有者。"

31

　　驱而之薛，使吏召诸民当偿者，悉来合券。券遍合，起矫命以责赐诸民，因烧其券，民称万岁。

　　长驱到齐，晨而求见。孟尝君怪其疾也，衣冠而见之，曰："责毕收乎？来何疾也？"曰："收毕矣。""以何市而反？"冯谖曰："君云'视吾家所寡有者'。臣窃计，君宫中积珍宝，狗马实外厩，美人充下陈；君家所寡有者，以义耳！窃以为君市义。"孟尝君曰："市义奈何？"曰："今君有区区之薛，不拊⑥爱子其民，因而贾利之。臣窃矫君命，以责赐诸民，因烧其券，民称万岁。乃臣所以为君市义也。"孟尝君不说，曰："诺，先生休矣！"

　　后期年，齐王谓孟尝君曰："寡人不敢以先王之臣为臣。"孟尝君就国于薛，未至百里，民扶老携幼，迎君道中，终日。孟尝君顾谓冯谖："先生所为文市义者，乃今日见之！"

　　冯谖曰："狡兔有三窟，仅得免其死耳。今有一窟，未得高枕而卧也。请为君复凿二窟。"孟尝君予车五十乘，金五百斤，西游于梁，谓梁王曰："齐放其大臣孟尝君于诸侯，先迎之者，富而兵强。"于是梁王虚上位，以故相为上将军，遣使者、黄金千斤、车百乘，往聘孟尝君。冯谖先驱诚孟尝君曰："千金，重币也；百乘，显使也。齐其闻之矣。"梁使三反，孟尝君固辞不往也。

齐王闻之，君臣恐惧，遣太傅赍<sup>⑦</sup>黄金千斤、文车二驷<sup>⑧</sup>、服剑一，封书谢孟尝君曰："寡人不祥，被于宗庙之祟<sup>⑨</sup>，沉于谄谀<sup>⑩</sup>之臣，开罪于君。寡人不足为也，愿君顾先王之宗庙，姑反国统万人乎！"冯谖诫孟尝君曰："愿请先王之祭器，立宗庙于薛。"庙成，还报孟尝君曰："三窟已就，君姑高枕为乐矣！"

　　孟尝君为相数十年，无纤介之祸者，冯谖之计也。

### 注释

①属：同"嘱"，嘱托。②铗：剑柄。③愦：昏乱。④惮：同"懦"。⑤责：债务。⑥抚：同"抚"。⑦赍：持物赠人。⑧驷：套着四匹马的车。⑨祟：灾祸。⑩谄谀：阿谀奉承。

思维导图

## 写作技巧

①冯谖回答孟尝君说自己"无能"，引起读者兴趣，既然"无能"，为何自荐

多处埋伏笔

②冯谖三次要求改善待遇，表现特立独行，为后来做出"市义"、游说梁国做铺垫

③冯谖烧掉债券，把债款分给薛地百姓，为后面薛地百姓拥戴孟尝君埋伏笔

# 触龙说赵太后

赵太后刚刚执政，秦国就加紧攻赵，赵国向齐国求救。齐国一定要用长安君（赵太后的小儿子）作为人质，才同意派兵。赵太后不肯答应，大臣们极力劝说，太后明确地对左右的人说："有再来说将长安君作为人质的，我就要把唾沫啐在他的脸上！"

左师触龙要求进见太后，太后气冲冲地等着他。触龙进门之后，缓慢地小步向前走着，到了太后跟前主动谢罪说："老臣的脚有毛病，竟不能快步走，好久没有见到太后了，只好私下里宽恕自己，但恐怕太后玉体欠安，所以想来看看您。"太后说："老身也只是靠着辇（niǎn）车才能行动。"触龙又问："太后每日的饮食该没减少吧？"太后说："不过吃点稀饭罢了。"触龙说："老臣近来特别不想吃东西，自己勉强散散步，每天走三四里，才稍稍增加了一些食欲，身体也安适了些。"太后说："老身可做不到。"这时候，太后脸上的怒色稍稍缓和了一些。

触龙又说："老臣的贱子舒祺（qí），年纪最小，不成器得很，而

我已经衰老了，心里很疼爱他，希望能让他补一名黑衣侍卫，来保卫王宫。我特地冒死来向您禀告。"太后回答说："好吧。他多大年纪了？"触龙回答道："十五岁了。虽说还小，我却希望趁我没死之前把他托付给您。"太后问："男人也爱他的小儿子吗？"触龙答道："比女人疼爱得还要厉害。"太后答道："女人疼爱得更厉害！"触龙说："我私下认为您对燕后（赵太后的女儿）的疼爱超过长安君。"太后道："您说错了，不像疼爱长安君那么厉害。"触龙说："父母疼爱自己的孩子，总要替他们做长远的打算。您送燕后出嫁的时候，握着她的脚跟，为她哭泣，为她远嫁而悲伤，这实在是令人哀痛的事情。燕后走了，并不是就不想念她了，可是祭祀时为她祝福，却说：'千万别让她回来！'您这样做难道不是为长远打算，希望她的子孙能相继成为燕王吗？"太后答道："是这样啊。"

触龙又说："从现在上推三代，一直推到赵国刚刚开始建国的时候，历代赵王的子孙受封为侯的，他们的继承人还有存在的吗？"太后答道："没有。"触龙又问："不只是赵国，其他诸侯国里有相继为侯的吗？"太后说："我还没听说过。"触龙说道："这大概就是，近的祸患落到自己身上，远的灾祸会累及子孙。难道国君的子孙一定都不好吗？只是因为他们地位尊贵，而无功于国；俸禄优厚，而无劳绩，却拥有大量的贵重财宝。现在您使长安君地位尊贵，又分封给他肥沃的土地，赐给他很多宝物，而不让他趁早有功于国，有朝一日您不在了，长安君凭什么在赵国立身呢？老臣认为您没有替长安君做长远的打算呀，所以认为您对他的疼爱不如对燕后。"太后听完了说："好吧，任凭您怎样指派他吧。"于是为长安君准备了一百辆车子，到齐国做了人质。齐国的军队这才出动。

子义听到了这件事，说："国君的孩子，是国君的亲骨肉，尚且不能依靠没有功勋的尊贵地位、没有劳绩的丰厚俸禄来守住金玉宝器，更何况是做臣子的呢！"

　　赵太后新用事，秦急攻之，赵氏求救于齐，齐曰："必以长安君为质，兵乃出。"太后不肯，大臣强谏。太后明谓左右："有复言令长安君为质者，老妇必唾其面！"

　　左师触龙愿见。太后盛气而揖①之。入而徐趋，至而自谢，曰："老臣病足，曾不能疾走，不得见久矣，窃自恕。恐太后玉体之有所郄②也，故愿望见。"太后曰："老妇恃辇而行。"曰："日食饮得无衰乎？"曰："恃鬻③耳。"曰："老臣今者殊不欲食，乃自强步，日三四里，少益嗜食，和于身。"曰："老妇不能。"太后之色少解。

　　左师公曰："老臣贱息舒祺，最少，不肖。而臣衰，窃爱怜之，愿令得补黑衣之数，以卫王宫，没死④以闻。"太后曰："敬诺。年几何矣？"对曰："十五岁矣。虽少，愿及未填沟壑⑤而托之。"太后曰："丈夫亦爱怜其少子乎？"对曰："甚于妇人。"太后曰："妇人异甚。"对曰："老臣窃以为媪⑥之爱燕后贤于长安君。"曰："君过矣，不若长安君之甚。"左师公曰："父母之爱子，则为之计深远。媪之送燕后也，持其踵⑦为之泣，念悲其远也，亦哀之矣。已行，非弗思也，祭祀必祝之，祝曰：'必勿使反。'岂非计久长，有子孙相继为王也哉？"太后曰："然。"

左师公曰："今三世以前，至于赵之为赵，赵王之子孙侯者，其继有在者乎？"曰："无有。"曰："微独赵，诸侯有在者乎？"曰："老妇不闻也。""此其近者祸及身，远者及其子孙。岂人主之子孙则必不善哉？位尊而无功，奉<sup>⑧</sup>厚而无劳，而挟重器多也。今媪尊长安之位，而封以膏腴<sup>yú</sup>之地，多予之重器，而不及今令有功于国；一旦山陵崩，长安君何以自托于赵？老臣以媪为长安君计短也，故以为其爱不若燕后。"太后曰："诺，恣<sup>zì⑨</sup>君之所使之。"于是为长安君约车百乘质于齐。齐兵乃出。

子义闻之曰："人主之子也，骨肉之亲也，犹不能恃无功之尊、无劳之奉，以守金玉之重也，而况人臣乎！"

## 注释

① 胥：应作"胥"，"胥"同"须"，等待。② 郄：身体不舒适。

③ 鬻：同"粥"。④ 没死：冒死。⑤ 填沟壑：指死。

⑥ 媪：对老年妇女的称呼。⑦ 踵：脚后跟。

⑧ 奉：同"俸"，即俸禄。⑨ 恣：听任。

## 写作技巧

①触龙先从寒暄请安入手，消除紧张气氛

触龙的劝谏艺术

④最后说明爱长安君应"有功于国"，与赵太后达成默契

②接着提到共同的"爱子"问题，引起赵太后共鸣

③然后提出"爱子则为之计深远"，初见成效

# 唐雎不辱使命

秦王嬴<sup>yíng</sup>政派人转告安陵君说:"我打算用方圆五百里的土地交换安陵,安陵君应该会答应我吧!"安陵君说:"承蒙大王施与恩惠,用大块土地交换小块土地,这太好了。虽然如此,但我从先王那里接受了这块封地,愿意终生守护它,不敢拿它交换。"秦王知道了很不高兴。安陵君因此派唐雎出使秦国。

秦王对唐雎说:"我用五百里的土地去换安陵,安陵君不听从我,这是为什么?况且秦国灭了韩国和魏国,然而安陵君却凭借方圆五十里的土地生存下来,是因为我把安陵君当作忠厚的长者,所以没有放在心上。现在我用十倍于安陵的土地,想要使安陵君的领土得到扩大,他却违背我的意愿,是轻视我吗?"唐雎回答说:"不,不是这样的。安陵君从先王那里接受了封地而守着它,即使是方圆千里的土地也不敢拿去交换,何况是五百里的土地呢?"

秦王非常愤怒,对唐雎说:"您听说过天子发怒吗?"唐雎回答说:"我未曾听说过。"秦王说:"天子发怒,将使百万尸首

41

倒下，血流千里。"唐雎说："大王听说过平民发怒吗？"秦王说："平民发怒，不过是摘掉帽子，赤着脚，用头撞地罢了。"唐雎说："这是平庸之辈发怒，不是士人发怒。当年专诸刺杀吴王僚的时候，彗星的光芒冲击了月亮；聂政刺杀韩傀<sup>guī</sup>的时候，白虹穿过太阳；要离刺杀庆忌的时候，苍鹰在宫殿上空搏斗。这三个人都是出身平民的士人，心里怀着的怒气还没爆发出来，上天就降下了吉凶的征兆，现在，专诸、聂政、要离同我一起，将要成为四个人了。如果有胆识之士真的发怒，横在地上的尸首不过是两个人，血只流五步远，可是天下之人就要穿白戴孝了，今天就要发生这样的情况！"于是拔出宝剑站了起来。

秦王的脸色颓丧，挺直上身跪着向唐雎道歉说："先生请坐，何至于这样呢！我明白了。为什么韩国、魏国灭亡，然而安陵却凭借五十里的土地还能够生存下来，只是因为有先生啊。"

## 原文欣赏

秦王使人谓安陵君曰:"寡人欲以五百里之地易安陵,安陵君其许寡人!"安陵君曰:"大王加惠,以大易小,甚善;虽然,受地于先王,愿终守之,弗敢易!"秦王不说①。安陵君因使唐雎使于秦。

秦王谓唐雎曰:"寡人以五百里之地易安陵,安陵君不听寡人,何也?且秦灭韩亡魏,而君以五十里之地存者,以君为长者,故不错意②也。今吾以十倍之地,请广于君,而君逆寡人者,轻寡人与?"唐雎对曰:"否,非若是也。安陵君受地于先王而守之,虽千里不敢易也,岂直五百里哉?"

秦王怫(fú)然③怒,谓唐雎曰:"公亦尝闻天子之怒乎?"唐雎对曰:"臣未尝闻也。"秦王曰:"天子之怒,伏尸百万,流血千里。"唐雎曰:"大王尝闻布衣之怒乎?"秦王曰:"布衣之怒,亦免冠徒跣(xiǎn)④,以头抢(qiāng)⑤地尔。"唐雎曰:"此庸夫之怒也,非士之怒也。夫专诸之刺王僚也,彗星袭月;聂政之刺韩傀也,白虹贯日;要离之刺庆忌也,仓鹰击于殿上。此三子者,皆布衣之士也,怀怒未发,休祲(jìn)⑥降于天,与臣而将四矣。若士必怒,伏尸二人,流血五步,天下缟素,今日是也。"挺剑而起。

秦王色挠⑦,长跪而谢之曰:"先生坐!何至于此!寡人谕⑧矣:夫韩、魏灭亡,而安陵以五十里之地存者,徒以有先生也。"

### 注释

① 说:同"悦",高兴。② 错意:放在心上,错:同"措"。③ 怫然:愤怒的样子。④ 徒跣:光着脚。

⑤ 抢:撞。⑥ 休:吉兆。祲:不祥之兆。

⑦ 挠:屈服。⑧ 谕:同"喻",明白。

思维导图

写作技巧

"天子之怒，伏尸百万，流血千里"体现秦王以强凌弱

"天子之怒"对决"布衣之怒"

1.秦王"天子之怒"

2.唐雎"布衣之怒"

"伏尸二人，流血五步，天下缟素"体现唐雎不畏强暴

3.秦王败局

"秦王色挠，长跪而谢之"体现秦王外强中干的特点

# 谏逐客书

　　秦国的宗室大臣都对秦王说："各诸侯国来侍奉秦国的人，大都是替他们各自的君主游说和离间秦国的，请把所有的客卿一律驱逐出境。"李斯（楚国人）也在要被驱逐的客卿行列里。

　　李斯于是上谏秦王说："臣听说官吏们正在计议要驱逐客卿，臣私下里认为这是错误的。

　　"从前穆公访求贤才，从西戎争取到由余，从东边的宛得到百里奚，自宋国迎来蹇（jiǎn）叔，从晋国招来丕豹、公孙支。这五位贤人都不是秦国人，可是穆公重用他们，因此吞并了二十个国家，于是称霸西戎。孝公施行商鞅的新法，移风易俗，人民生活因此殷实富足，国家也因此富裕强大起来，百姓乐于为国效命，各国诸侯也都亲近或臣服于秦国，后来秦国击败了楚、魏两国的军队，占领了上千里的土地，直到今天还是安定而强盛。惠王采用张仪的连横之计，攻占了三川地区，向西吞并了巴蜀，向北收取了上郡，向南攻取了汉中，兼并了许多蛮夷部族，控制了楚国的鄢（yān）、郢（yǐng）两都，向东占据了险要的成皋（gāo），割取了大量

45

的肥沃土地，于是拆散了六国的合纵盟约，使他们面向西边侍奉秦国，功业一直延续到现在。昭王得到范雎，免夫了穰<ruby>穰<rt>ráng</rt></ruby>侯，驱逐了华阳君，加强了秦王室的统治，制服了豪门贵族的势力，逐步吞并了各诸侯国，使秦国完成了统一天下的大业。这四位国君的成就，都是凭借了客卿的功劳。从这些事实来看，客卿有什么对不起秦国的地方呢！假使从前这四位君主拒绝客卿而不予接纳，疏远贤才而不任用，这样就会使秦国无法拥有雄厚富裕的实力，而且也不会有强大的威名。

"现在陛下获得了昆山的美玉，拥有了随侯珠及和氏璧，悬挂着明月宝珠，佩戴着太阿宝剑，骑着纤离的骏马，林立着翠凤羽毛装饰的旗帜，竖起了<ruby>鼍<rt>tuó</rt></ruby>皮大鼓。这几件宝物没有一样是产自秦国的，但陛下却喜爱它们，这是为什么呢？如果一定要秦国出产的才可以使用，那么夜光之璧就不能装饰在朝堂之上，犀角、象牙制造的器皿就不能成为玩赏之物，郑国、魏国的美女就不会充满您的后宫，骏马就不会养在您的马厩之中，江南的金、锡就不能用来制作器物，西蜀的丹青就不能用

来增添色彩。……现在秦国抛弃敲瓮击缶的音乐而改听卫国、郑国的音乐，舍弃弹筝而采用韶虞之乐，这样做是为什么呢？还不是因为令人快意的食物已摆在眼前，适合美观动听的要求罢了。如今用人却不是这个样子，不问是否合宜，不论是非曲直，只要不是秦国人就得离开，凡是外来的客卿就要驱逐出境，这样做，就可知秦国所重视的是美色、音乐、珠宝，而所轻视的却是人才，这实在不是用来统一天下、控制诸侯的方法啊！

"我听说：土地广阔的，粮食就会充足；国家强大的，人口就会众多；装备精良的，士兵就一定勇猛。因此，泰山不舍弃任何土壤，所以能成就它的高大；河海不嫌弃各种支流，所以能成就它的深邃；帝王不拒绝任何臣民，所以能显示出他们的恩德。因此，土地不论东西南北，民众不分本国、外国，四季都丰实美好，鬼神都来降福，这就是五帝、三王无敌于天下的原因。现在秦国竟然抛弃人民来帮助敌国，排斥客卿以成就其他诸侯，使得天下的贤才退避而不敢前来西方，停下脚步而不愿再入秦国，这就叫作'借武器给敌人，送粮食给强盗'啊！

"物品虽不是秦国出产的，可是珍贵的很多；人才虽不是在秦国出生的，可是愿意效忠者不少。如今驱逐客卿去帮助敌国，损害民众而增加敌人的实力，对内削弱了自己的国家，对外则和各诸侯结怨，这样下去，希望秦国不发生危机，也是不可能的啊！"

秦王于是废除了逐客令，恢复了李斯的官职。

　　秦宗室大臣皆言秦王曰:"诸侯人来事秦者,大抵为其主游间于秦耳,请一切逐客。"李斯议亦在逐中。

　　斯乃上书曰:"臣闻吏议逐客,窃以为过矣。"

　　"昔穆公求士,西取由余于戎,东得百里奚于宛,迎蹇叔于宋,求丕豹、公孙支于晋。此五子者,不产于秦,而穆公用之,并国二十,遂霸西戎。孝公用商鞅之法,移风易俗,民以殷盛,国以富强,百姓乐用,诸侯亲服,获楚、魏之师,举地千里,至今治强。惠王用张仪之计,拔三川之地,西并巴、蜀,北收上郡,南取汉中,包九夷,制鄢、郢,东据成皋之险,割膏腴①之壤,遂散六国之从,使之西面事秦,功施到今。昭王得范雎,废穰侯,逐华阳,强公室,杜私门,蚕食诸侯,使秦成帝业。此四君者,皆以客之功。由此观之,客何负于秦哉? 向使四君却客而不内,疏士而不用,是使国无富利之实,而秦无强大之名也。

　　"今陛下致昆山之玉,有随、和之宝,垂明月之珠,服太阿之剑,乘纤离之马,建翠凤之旗,树灵鼍②之鼓。此数宝者,秦不生一焉,而陛下说之,何也? 必秦国之所生然后可,则是夜光之璧不饰朝廷,犀象之器不为玩好，郑魏之女不充后宫，而骏马駃騠<sup>jué tí</sup>③不实外厩，江南金锡不为用，西蜀丹青不为采。……今弃击瓮而就郑卫，退弹筝而取韶、虞，若是者何也？快意当前，适观而已矣。今取人则不然。不问可否，不论曲直，非秦者去，为客者逐。然则是所重者在乎色、乐、珠、玉，而所轻者在乎人民也。此非所以跨海内、制诸侯之术也。

"臣闻地广者粟多，国大者人众，兵强则士勇。是以泰山不让土壤，故能成其大；河海不择细流，故能就其深；王者不却众庶，故能明其德。是以地无四方，民无异国，四时充美，鬼神降福，此五帝、三王之所以无敌也。今乃弃黔首④以资敌国，却宾客以业诸侯，使天下之士退而不敢西向，裹足不入秦，此所谓'藉寇兵而赍盗粮'者也。

"夫物不产于秦，可宝者多；士不产于秦，而愿忠者众。今逐客以资敌国，损民以益仇，内自虚而外树怨于诸侯，求国之无危，不可得也！"

秦王乃除逐客之令，复李斯官。

### 注释

① 膏腴：肥沃。② 灵鼍：鳄鱼。③ 駃騠：良马名。
④ 黔首：百姓。

49

# 写作技巧

李斯的劝谏技巧

①开头写客卿对秦国的贡献，运用对偶，气势恢宏

②中间部分直指看重珍宝、轻视人才做法的荒唐

③结尾陈述逐客的坏处：对内自虚、对外结怨

# 楚辞

　　战国时代以屈原为代表的楚国人创作的诗歌，它是《诗经》三百篇后的一种新诗。西汉刘向整理古籍，把屈原、宋玉以及汉代效仿屈原辞赋的作家淮南小山、东方朔、王褒和他本人的作品共十六篇汇编成集，题名《楚辞》。东汉时王逸为《楚辞》作注，加进了自己写的一篇《九思》，使篇目增加到十七篇，这就是流传到现在的《楚辞》本子。《楚辞》对后世文学影响深远，我国诗歌史上常以"风""骚"并称，"风"指《诗经》，"骚"即指《楚辞》。《古文观止》中收录的《卜居》《宋玉对楚王问》两篇较为特殊，因为它们不能算诗歌而只能算散文，两篇作品的口吻都是第三者的记录而非作者本人的叙述，所以现在多认为它们的作者并非屈原或宋玉本人。

# 卜 居

  屈原遭放逐后，三年没有再见到楚怀王。他竭尽才智来报效国家，忠贞不贰，却受到谗佞之人的压制；他心烦意乱，不知如何是好。于是去见太卜郑詹尹，对他说："我心中有些疑惑的事情，想请先生为我决断。"詹尹连忙摆正蓍草，拂净龟壳，问道："不知您有何见教？"

  屈原说："我是应该诚恳真挚，纯朴而且忠实呢？还是应该迎来送往、忙于世俗的应酬，力求不陷于穷困呢？是应该除掉杂草，尽力耕作呢？还是应该终日奔走于显贵之间，以成就威望名声呢？是应该直言不讳，因而招致危险呢？还是应该流于世俗，屈从于富贵而苟且偷生呢？是应该超脱尘俗、洁身自好，保持自己的本性呢？还是阿谀奉承、强颜欢笑，去逢迎那个妇人呢？是应该廉洁正直，以此来使自己的身心洁净呢？还是应该虚伪圆滑，像脂膏和熟牛皮那样没有骨气地围着别人转呢？

是应该昂首独行，像日行千里的骏马呢？还是应该浮游不定、如同水中的野鸭，随波上下以求苟且保全自己呢？是应该与千里马并驾齐驱呢？还是应该随着劣马的蹄迹亦步亦趋呢？是应该同天鹅比翼高飞呢？还是应该和鸡鸭一起争夺食物呢？这些，哪个吉利，哪个凶险？我到底应该何去何从？世道混浊不清，把蝉翼说成是重的，把千钧说成是轻的；黄钟被毁弃，陶锅反倒发出雷鸣般的响声；谗佞之人发达显赫，贤者却默默无闻。唉，还有什么可说的呢，有谁知道我的廉正忠贞？"

　　詹尹于是放下蓍草，推辞说："尺有所短，寸有所长；事物总会有所不足，智者也有迷惑不解的时候；占卜有预料不到的地方，神明也有不能洞察的地方。坚持您的本心，行使您的本愿吧。灵龟和蓍草实在是不能预知这些事情。"

卜居图

屈原既放三年不
得復見　乃往見太
卜鄭詹尹

# 原文欣赏

屈原既放，三年不得复见。竭智尽忠，而蔽障于谗，心烦虑乱，不知所从。乃往见太卜①郑詹尹曰："余有所疑，愿因先生决之。"詹尹乃端策②拂龟③，曰："君将何以教之？"

屈原曰："吾宁悃悃款款④，朴以忠乎？将送往劳来，斯无穷乎？宁诛锄草茅以力耕乎？将游大人以成名乎？宁正言不讳以危身乎？将从俗富贵以偷生乎？宁超然高举以保真乎，将呢訾栗斯⑤、喔咿嚅唲⑥以事妇人⑦乎？宁廉洁正直以自清乎，将突梯滑稽、如脂如韦⑧，以絜楹⑨乎？宁昂昂若千里之驹乎？将氾氾若水中之凫乎，与波上下，偷以全吾躯乎？宁与骐骥亢轭乎？将随驽马之迹乎？宁与黄鹄比翼乎？将与鸡鹜争食乎？此孰吉孰凶，何去何从？世溷浊而不清，蝉翼为重，千钧为轻；黄钟毁弃，瓦釜雷鸣；谗人高张，贤士无名。吁嗟默默兮，谁知吾之廉贞？"

詹尹乃释策而谢曰："夫尺有所短，寸有所长，物有所不足，智有所不明，数有所不逮，神有所不通。用君之心，行君之意。龟策诚不能知此事。"

## 注释

① 太卜：卜官之长。② 策：占卜用的蓍草。③ 龟：占卜用的龟壳。④ 悃悃款款：诚恳真挚的样子。⑤ 呢訾：阿谀奉承的样子。栗斯：小心奉承、献媚的样子。⑥ 喔咿嚅唲：强颜欢笑的样子。⑦ 妇人：指郑袖，楚怀王的宠妃。⑧ 脂：脂膏。韦：熟牛皮。⑨ 絜：用绳度量围长。楹：柱子。

## 写作技巧

以疑问写坚定

① 屈原"宁……将……"的句式，连设八问

② 正反两面，反复对照，增强文章气势

③ 表面是疑惑，实际表现屈原忠贞不屈的品质

**图书在版编目（CIP）数据**

藏在古文观止里的那些事儿 : 思维导图彩绘版 . ③ ,
秦文 / 新新世纪编 . -- 五家渠 : 新疆生产建设兵团出
版社 , 2022.3

ISBN 978-7-5574-1782-6

Ⅰ . ①藏… Ⅱ . ①新… Ⅲ . ①古典散文－散文集－中
国②《古文观止》－青少年读物 Ⅳ . ① H194.1-49

中国版本图书馆 CIP 数据核字（2022）第 032733 号

**责任编辑 :** 吴秋明

藏在古文观止里的那些事儿 : 思维导图彩绘版 . ③ , 秦文

| | | |
|---|---|---|
| **出版发行** | 新疆生产建设兵团出版社 |
| **地　　址** | 新疆五家渠市迎宾路 619 号 |
| **邮　　编** | 831300 |
| **电　　话** | 0994-5677185 |
| **发　　行** | 0994-5677116 |
| **传　　真** | 0994-5677519 |
| **印　　刷** | 三河市双升印务有限公司 |
| **开　　本** | 710 毫米 ×1000 毫米　1/16 |
| **印　　张** | 35 |
| **字　　数** | 30 千字 |
| **版　　次** | 2022 年 3 月第 1 版 |
| **印　　次** | 2022 年 4 月第 1 次印刷 |
| **书　　号** | ISBN 978-7-5574-1782-6 |
| **定　　价** | 198.00 元 |